May your love come true!!!

To _____

From _____

**초판 1쇄 발행** 2021년 12월 15일

**발행인** 김영인
**편집** 윤혜신
**디자인** 김혜리  247design@naver.com

bogopublishing@naver.com

## U.S. President's English
## evaluated by Korean student from British school

**Author's Talk**

Good pronunciation, no errors in grammar,
or using sophisticated vocabulary are superficial English skills.

True English skills are in words and writings
containing thought and heart that move people's mind, awaken the spirit of the times and save souls.

말이 별을 담아

이들다운 생각과 따뜻한 마음을 나눌 수 있는 기회를 기도합니다.

Author Seung-ho Ham is studying at
NLCS(North London Collegiate School) located in Korea.

He is concerned with inequality issue of income and asset of
current generation that he served as the president of the
Economics Society on campus and is planning to study further
in economics as major in University.

He spent three years as a writer and a year as an editor
for Islander Magazine of NLCS which publishes in every quarter.
For sports and physical activities,
he was ranked 5th at the Seoul Fencing Championships and
8th at the National Club Fencing Championships.

To follow the love and truth of Jesus Christ, he is with Compassion,
an International Childcare Organization which is Christ-centered
and church-based where he is growing up through a building
relationship with a Tanzanian child.

2003 ~

## 대통령의 말

주님의 분명등은 국악시아야 한다.

## 자신의 말

주닝의 분명등에 다하여
자신 분명등의 해결 방안도 국악시아야 한다.

# All the American presidents

1st – 10th President

★ = Good
★★ = Very Good
★★★ = Excellent

★★★
1789 ~ 97
George Washington

★★
1797 ~ 1801
John Adams

★★★
1801 ~ 09
Thomas Jefferson

★
1809 ~ 17
James Madison

★
1817 ~ 25
James Monroe

★
1825 ~ 29
John Quincy Adams

★★
1829 ~ 37
Andrew Jackson

★
1837 ~ 41
Martin Van Buren

★
1841 ~ 41
William Henry Harrison

★
1841 ~ 45
John Tyler

Source of Presidential Photographs : U.S Embassy & Consulate in the Republic of Korea

### 대통령의 말

아버지는 이렇게 말씀하시곤 했다.
아침에 깨어 일어나 그들이 하려는 일을 알고
그것이 중요하다고 생각하는 사람은 행운아라고...

### 저자의 말

아침에 깨어 일어날 수 있는 것을 당연하게 생각하지 않고
감사할 수 있는 사람이 행복한 사람입니다.

# George Washington

George Washington was the General Commander of the Independence Movement (1775-83) and the first president of the United States.

1789 ~ 97

## President's Talk

It is far better to be alone, than to be in bad company.

## Author's Talk

George Washington said the second best,
but I want to say the best.
The best is to turn bad people into good people.

The way to change is for me to become a light that retreats darkness and salt that does not decay.

**1st** George Washington

# 조 바이든

46
2021~

1972년 29세에 상원의원으로 당선되나 아내와 자녀들이 교통사고를 당하여
부인과 딸은 사망하고 아들 두 아들은 중상을 입어 병원을 찾았습니다.
그러고 나서 나의 나라가? 왜 나도 안되나?(WHY ME?) 에 나는 안되나?(WHY NOT?)인
것을 깨닫고 마음정리를 하고 아들들을 다정하게 병원에서 상원의원 선서를 하였습니다.

## 대통령의 말

미국에는 이분법적이 없다.

## 자기의 말

우리의 생명과 재산을 보호하는 것도 크기의 책무입니다.
국민의 자유와 생명을 안전하게 지키는 일이 아니라 필수인 가치입니다.

### President's Talk

To be prepared for war is one of the most effective means of preserving peace.

### Author's Talk

This is the key point made in the Art of War,
written 2,300 years before George Washington in the 18th century, was trying to speak.

Peace by force.

However,
the overwhelming superiority of power can ignite the desire for conquest and domination,
finally leading to a war.

When the balance of power is maintained for a long period
they cannot be undermined by other nations, and hence it will lead to an era of peace.

## 자사의 말

정상에서 승리는
정상에서 이겼다고 자랑하지 말 때
또 정상에서 졌다고 낙담하지 않고
다시 일어설 때 그 사람을 수 있습니다.

## 대통령의 말

대로 정상에서 패배함으로
정상에서 다시 일어설 힘을 얻기도 한다.

**President's Talk**

If the freedom of speech is taken away
then dumb and silent we may be led,
like sheep to the slaughter.

**Author's Talk**

There is freedom of speech in Korea today.
But I don't think many people consider the fact that
they are responsible for the speech, which they have expressed.

**1st** George Washington

# 도널드 J. 트럼프

부동산 사업가 출신으로 사업가와 대통령 기질로는 유일합니다.

2017 ~ 21

## 대통령의 말

나는 전쟁했을 때 사과한다.

## 사가의 말

누구나 결점을 때가 있습니다.
그러나 누구나 사과하지는 않습니다.

45th 도널드 J. 트럼프

### President's Talk

It is better to offer no excuse than a bad one.

### Author's Talk

Adam in Genesis Chapter 3 is the epitome of bad excuses.
Adam makes an excuse after eating the fruit of the tree
that God commanded not to eat.

"The woman you put here with me - she gave me some fruit from the tree, and I ate it."

Adam artfully reversed his fault to God.

If you make a lame excuse and try to avoid the situation,
you'll be in more trouble.
Wisdom follows when you are acting brave enough to admit your own mistakes
and ask for forgiveness.

**1st** — George Washington

## 대통령의 말

눈물 나는 것이에요. 단지 몇 이 중정을 슬프다는 것은 아이들이 지금 활동이 꺾어졌다.

## 사자의 말

100만원이 아니라 사람이 있고
1억이 아니라 사람이 있고
100억이 아니라 사람이 있습니다.

그러나 아느 정도 돈이 있었다고 생각해야 됩니다.
돈이 가치를 어학소 소지 있어 더 부러워도 인식을 하게 되는 것입니다.

돈은 가지려면
돈을 위해 또든 것을 하다가 인간성을 잃어버리고
돈으로 모든 것을 해결하려는 것이 잘못됩니다.

### President's Talk

Some day,
following the example of the United States of America,
there will be a United States of Europe.

### Author's Talk

George Washington spoke of the European Union in the 18th century.
I would predict establishment of the World Union
which is different to current United Nations
where it has stronger authorities to solve global issues
such as human rights, drugs, terrorism and environment.

**1st** George Washington

# 나달 오사마

인간 병기라 불리우는 테니스 아트 위증의 대통령입니다.
해미기 강속, 중현풍채복 지배 등의 2009년 그랜드 슬램 정상 등을 수상했습니다.

## 대통령의 말

나는 순간적으로 공격할 수 있어야 한다고 생각한다.

## 자사인 말

조지 W. 부시 대통령과 만나리는 인상을 표명했습니다.
지도자는 사건의 이수에 대해
자신의 생각들 설립 이기가 있습니다.

# John Adams

John Adams was the first vice president and second president of the United States and his son also became the sixth president.

1797 ~ 1801

## President's Talk

Liberty cannot be preserved without general knowledge among the people.

## Author's Talk

Ham Seok-heon, a famous philosopher in Korea, said,
"Only thinking people live."

We can live freely when we become people who think with general knowledge.

# 조지 W. 부시

대통령 재임기간에 발생한 9·11테러에 대한 보복으로 이라크를 공격했습니다.
※ 9·11 테러 : 2001년 9월 11일 민간 항공기 4대를 납치한 오사마 빈 라덴의 운동 단체가 8시 46분과 9시 4분 두 차례에 걸쳐 승객이 탑승한 민간 여객기를 미국 뉴욕에 있는 세계무역센터(WTC) 쌍둥이 빌딩과 워싱턴의 국방부 건물인 펜타곤에 충돌시키고 자살 테러를 감행한 사건입니다.

## 대통령의 말

> 굉장히 무서워서 아저씨 한 것 같아야 하는 것이 나는 믿는다.

## 자기의 말

> 아직도 사탕하는데도 공동하지 않은 말이 가족이 될 수 있었다.

### President's Talk

Genius is sorrow's child.

### Author's Talk

Genius is a sorrow's child because…

1. In order to be happy,
   there must be communication with others.

2. Genius is a man ahead of his time,
   and people of his time cannot understand genius.

3. So the lonely genius is sad.

**2nd**　John Adams

# 윌리엄 J. 클린턴

1993 ~ 2001

유소년기의 어려운 대학에서 벗어났고 32살의 젊은 나이로 아칸소주의 주지사를 연임했습니다.
대통령 이임후 백악관에서 인턴으로 일했던 르윈스키와 르윈스키와의 성 관계를 맺은
뒤 증거가 수집되자 혐의로부터 탄핵을 당해볼 뻔했습니다.

### 대통령의 말

우리는 자녀들에게 갈등을 맡기지 않고
말로 해결하는 것을 가르쳐야 한다.

### 자신의 말

통의 이름 갈등을 해결하는
것보다 더 갈등을 통치합니다.

### President's Talk

I must not write a word to you about politics,
because you are a woman.

### Author's Talk

The main reason why we don't let go of hope
despite many things to be disappointed and discouraged by people is
because history of mankind is in a journey for improvement of the human rights.

There has been a lot of progress, especially in rights of women.
John Rawls talked about the 'Veil of Ignorance' in his book "A Theory of Justice".
The Veil of Ignorance is an expression that symbolizes the definition of an agreement
in the state of not knowing which option is advantageous or disadvantageous to me.
when we are wearing the veil of ignorance,
there should be no discrimination by gender, religion, or race.

**2nd**  John Adams

## 대통령의 말

예시는
내가 결혼할 때 가지의
결혼식 때 가지를 가지러 갈 것이다.

## 자지의 말

예시를 할 수 있다고 사람이 없어나 둘째요?
무슨 수술이 사람들은
예시가 할 수 있다.

그러나 하나님이 할 수
있는 빠짐없이 끝가가 없게 됩니다.
가지의 앞에 대한 하나님의 인정 끝입니다.

# Thomas Jefferson

It is said that Thomas Jefferson wrote his own epitaph during his lifetime. He knew how he wanted to be remembered.

1801 ~ 09

## President's Talk

HERE WAS BURIED THOMAS JEFFERSON
AUTHOR OF THE DECLARATION OF AMERICAN INDEPENDENCE
OF THE STATUTE OF VIRGINIA FOR RELIGIOUS FREEDOM
AND FATHER OF THE UNIVERSITY OF VIRGINIA

## Author's Talk

What do you want to be written on your tombstone?

# 포치 H. W. 부시

1989~93

그라나다를 수침 공격 명령 지도자인 미·소 정상회담등을 갖고 고르 초소련 정치 총수와 정치 협력을 주이룸으로
냉전 시대의 종식을 선언하였습니다.
걸프전 포치 H. 부시도 43대 대통령으로 부시(추구) 대통령입니다.

## 대통령의 말

매우 좋은 질문이다.
진정적이기도 하고…
하지만 나는 대통령직을 유지한다.

## 자지의 말

모든 질문에 답할 수도 있고 답을 원할 필요도 없습니다.

### President's Talk

Honesty is the first chapter in the book of wisdom.

### Author's Talk

Before being honest with others,
one has to be honest with oneself.

We need to be able to acknowledge our desires
and sense of inferiority as we are.

**3rd**    Thomas Jefferson

# 미국 역대 대통령

### 41 - 46대 대통령

| | | |
|---|---|---|
| **41** | **42** | **43** |
| 조지 H. W. 부시 ★★ | 윌리엄 J. 클린턴 ★ | 조지 W. 부시 ★ |
| 1989 ~ 93 | 1993 ~ 2001 | 2001 ~ 09 |
| **44** | **45** | **46** |
| 버락 오바마 ★★ | 도널드 J. 트럼프 ★ | 조 바이든 ★ |
| 2009 ~ 17 | 2017 ~ 21 | 2021 ~ |

★★★ = 탁월
★★ = 우수
★ = 양호

대통령 사진 출처 : U.S Embassy & Consulate in the Republic of Korea

**President's Talk**

I believe that every human mind feels pleasure
in doing good to another.

**Author's Talk**

If you can't believe this,
try to do good to others.

There are things
you could understand with your head,
and things
you could know only by doing it.

**3rd** Thomas Jefferson

## 대통령의 말

감동의 울림 인제나 자상의 것이다.

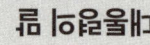

## 자상의 말

돈이 많이 필요한 경대상으로 바캐았다고 합니다.
그러니로 크기의 국가는
인템부, 사례부, 행정부의 3권 분립등이
갖지고 곡영을 가용해야 합니다.

**President's Talk**

Be polite to all,
but intimate with few.

## Author's Talk

You cannot be close with everyone.
But you can be kind to everyone.

3rd　Thomas Jefferson

# 영화의 말

예문 : 케일럽이 운명적 만남을 표현하는 것은 누구의 말도 아닙니다.
케일럽 : (약자를 표현하는 것은) 그건 누구의 말도 용어이에요.

영화 'Bombshell' 중에서

운명입니다.
통에이 맞서 약자를 표현하는 것은
우리 모두의 임무입니다.

## 대통령의 말

우리는 모든 사람들을 도울 수 없습니다.
그러나 모든 사람들은 누군가를 도울 수 있습니다.

### President's Talk

Where the press is free
and every man able to read,
all is safe.

### Author's Talk

There can be no dictatorship
where everyone can write and read.

This is because criticism will
function to prevent abusing of power.

**3rd**    Thomas Jefferson

# 40th 롯데 제이드

## 자녀의 말

오늘도 장보는 문제를 해결하지 않고
혼자 미루다 더 큰 문제를 만들어 정송합니다.
자신들의 장점 안에서만 문제를 타자지 않고 생각하기 때문입니다.
이것이 없기가 영향받지 지지체를 참동하는
민주주의가 가지고 통제되지 않습니다.

## 대통령의 말

장보는 문제를 해결하기 보다
그저 문제를 재해석하는 경향이 있다.

**President's Talk**

He who knows best knows
how little he knows.

## Author's Talk

The more you learn
You get to know that there is no end.

Besides,
the time allowed for you to study is too short.

**3rd**  Thomas Jefferson

# 로널드 레이건

40

영화배우 출신으로 공화당이자 미국의 제40대 대통령입니다.

1981 ~ 89

## 대통령의 말

믿어라.
그리고 감동받아라.

## 자신의 말

믿는자 감동하는 것은 움직입니다.
그리고 움직임을 생각합니다.

# James Madison

James Madison laid the foundation for the draft constitution and is called "the father of the American Constitution."

1809 ~ 17

## President's Talk

Liberty may be endangered by the abuse of liberty,
but also by the abuse of power.

## Author's Talk

It's up to the electorate who they vote for.
There are no voters who can be free from the outcome of the vote.

4th — James Madison

## 자시의 말

좋은 시사,
좋은 매김,
좋은 맺음입니다.

### 대들보의 말

나는 많은 아이들을 용임이 시야으로 바라보았고
마음속으로 간들을 받았다.
항상으로 나의 마음이 용임이 담복할 것을 아이 곧 아니라
나를 용사하신다.

# James Monroe

James Monroe is famous for his Monroe Doctrine which was United States policy that opposed European colonialism in the Americas.

1817 ~ 25

## President's Talk

National honor is the national property of the highest value.

## Author's Talk

The operation of the country should be different from business management.
If the fundamental aim of business is seeking profits,
managing a country should aim for the realization of the constitutional spirit.
Therefore, becoming a country that only pursues money will demean national prestige.
A country that pursues win-win and cooperative leadership that can be recognized and respected
not only by its own people but also by other countries deserves the global hegemony.

### 자신의 말

우리는 믿음과 진실을 구분해야 합니다.
믿음이 아니라 왜냐하면, 배당금이라는 진실을 하나하나 쌓아 대조입니다.

그러므로 믿음은 진화해야 됩니다.
성장해야 됩니다.
변화해야 됩니다.

변하지 믿음이라 하는 것은
현대 지식, 현대 철학자, 현대 사상이 진실입니다.

### 대통령의 말

우리는 물질문명 시대에 적응하면서 변하지 않는 원칙들을 고수해야 한다. 하지만 물질문명 시대에 맞지 않는 원칙들은 고쳐야 한다.

# John Quincy Adams

John Quincy Adams is the son of the second president, John Adams.

1825 ~ 29

## President's Talk

When annual elections end, there slavery begins.

## Author's Talk

Article 1 of the Constitution of the Republic of Korea says this.
"The sovereignty of Korea rests with the people, and all power comes from the people."

However, the exercise of sovereignty takes place through elections,
and after the election, sovereignty is delegated to the elected people.
Governing power lies with the leaders unless it is during the election.
This is why the elections are important.

## 대통령의 말

온몸 모두가 만족할 수 있는 통일은 영원할 수 있다.

## 자자의 말

나이 아이들 생각하는 만큼
상대의 아이들 배려할 수 있어야 진정 짐이 있습니다.

# Andrew Jackson

Andrew Jackson contributed to the development of democracy by expanding the suffrage to the extent that the term Jacksonian democracy appeared.

7

1829 ~ 37

## President's Talk

Heaven will be no heaven to me
If I do not meet my wife there.

## Author's Talk

Heaven is not a place.
It is about Relationship.

# 지미 카터

1977~81

39번째 미국 대통령이었던 지미 카터는 단임에 그쳐 평가가 박하지만 훌륭한 대통령입니다. 그러나 퇴임 후 Carter Center를 만들어 인권, 민주화, 기아퇴치 등에 공헌하여 2002년 노벨 평화상을 수상했습니다.

## 대통령의 말

22명의 측근과 동조자들이 나를 돕지 않기 해왔다.

## 진리의 말씀

나에게 생명을 받아 있으며 면역력이 그 중에서 발달하지 않는다.

창세기 9장 7절

### President's Talk

You must pay the price
if you wish to secure the blessing.

### Author's Talk

Blessing lies in a life of sacrifice,
devotion,
and service.

# 제럴드 R. 포드

1974 ~ 77

리처드 M. 닉슨 전 대통령의 대통령직 사임으로 인하여 대통령직을 승계하고 재임 도중 2번의 암살 위기를 모면하였습니다.

### 대통령의 말

집념을 말합니다.
열정을 말합니다.
그리고 자신 스스로에게 묻고 답한다.

### 지지자의 말

돈과 있는 힘도 인정하였습니다.
지성인 있는 힘도 인정하였습니다.
돈과 지성이 있는 형태야 하였습니다.

**President's Talk**

Take time to deliberate;
but when the time for action arrives,
stop thinking and go in.

**Author's Talk**

People who run without thinking are dangerous.
People who think but stay still are powerless.

Thinking and acting both need each other.

Andrew Jackson

37th 리더스 M. 서수

## 대중영합의 말

때때로 사람들을 굉장하게 웃긴다.
웃고 표기가 굉장하다.

## 자신의 말

그렇롱 수 있는 것도 용기이고
용나도 사랑받을 수 있답니다.
다만 저자들은 다른 이주하여 양것답니다.

# Martin Van Buren

Martin Van Buren served as Vice President and was a key promoter of the world's oldest political party, the Democratic Party (founded in 1828).

## President's Talk

The government should not be guided by Temporary Excitement, but by Sober Second Thought.

## Author's Talk

To avoid making mistakes in important decision…
Deliberation and Second Thought are essential.
To put it in English expression,
'Sleep on it'.

## 대통령의 말

인지율 미약하는 사람들은 이길 수 없다.
당신이 그들을 미약하지 않은 한...

## 사자의 말

사냥하여 잡기도 했던 인식됩니다.
수고기를 미약하여 인상을 해치해서는 안되겠습니다.

# William Henry Harrison

William Henry Harrison died after one month he took the office due to acute pneumonia by rain without an umbrella.

1841 ~ 41

## President's Talk

All the measures of the Government are directed to the purpose of making the rich richer and the poor poorer.

## Author's Talk

Today's government policy is to help the rich maintain their wealth by appeasing the poor from rioting.

### 대통령의 말

해가 비칠 때 기도하지 않았다면
비가 올 때 기도하지 마라.

### 저자의 말

아쉬울 때만 찾아오는 사람
반갑습니까?
도와주고 싶습니까?
얄밉지요.

그러나 해가 비칠 때 기도하지 않았더라도 비가 올 때 기도하십시오.

하나님은 반갑게 맞아 주실 것입니다.
도움의 손길을 내미실 것입니다.
우리를 품어 주실 것입니다.

# John Tyler

John Tyler married twice and have 15 children.

10

1841 ~ 45

## President's Talk

Popularity, I have always thought,
may aptly be compared to a coquette - the more you woo her,
the more apt is she to elude your embrace.

## Author's Talk

Populism.

For the politicians, it is one of the most useful tools,
even though it is the one they should be most vigilant about.

# 리처드 M. 닉슨

민주당 선거운동 지휘본부가 있었던 워터게이트 호텔에서의 불법 침입과 도청 사건을 부정하고 은폐하려던
워터게이트 사건(Watergate Scandal)으로 미국 역사상 최초이자 유일하게 임기중 사퇴한 대통령입니다.

**37**

1969 ~ 74

## 대통령의 말

가장 훌륭한 강철은
가장 뜨거운 용광로를 통과해야만 한다.

### 진리의 말씀

나의 가는 길을 오직 그가 아시나니
그가 나를 단련하신 후에는 내가 정금같이 나오리라

욥기 23장 10절

# All the American presidents

## 11th – 20th President

★ = Good
★★ = Very Good
★★★ = Excellent

★
1845 ~ 49
James K. Polk

★
1849 ~ 50
Zachary Taylor

★
1850 ~ 53
Millard Fillmore

★
1853 ~ 57
Franklin Pierce

★
1857 ~ 61
James Buchanan

★★★
1861 ~ 65
Abraham Lincoln

★
1865 ~ 69
Andrew Johnson

★
1869 ~ 77
Ulysses S. Grant

★
1877 ~ 81
Rutherford B. Hayes

★
1881 ~ 81
James Garfield

Source of Presidential Photographs : U.S Embassy & Consulate in the Republic of Korea

1963 ~ 69

# 린든 B. 존슨

전임 대통령인 존 F. 케네디때부터 시작된 베트남 전쟁(1955 ~ 75)에의 개입은 린든 B. 존슨대통령 재임시 본격화되었습니다.

### 대통령의 말

평화는 천 마일의 여정이며
한번에 한 걸음씩 걸어가야 한다.

### 저자의 말

우리나라 속담으로는 '천 리 길도 한 걸음부터'가 있고
사자성어로는 牛步千里(우보천리 : 소의 걸음으로 천 리를 간다)라고 합니다.

# James K. Polk

James K. Polk did his best for four years and passionately performed his office, acquiring territories such as Texas and California, but he died three months after resigning from the presidency due to overwork.

1845 ~ 49

## President's Talk

No president who performs his duties faithfully and conscientiously can have any leisure.

## Author's Talk

The president is the chief executive of state affairs.
But he can't take care of everything.
Also, working without leisure is neither effective nor efficient.
It is foolishness to work endlessly and eventually become sick.
Wise way is to work as a team by sharing authorities and responsibilities.

## 대통령의 말

우리는 약자가 안전하고
강자가 정의로운
평화로운 세상을 만들어 가고 싶다.

**영화의 말**

힘있는 자들은 힘없는 자들을 보호하라.

영화 X-Men Apocalypse 中에서

# Zachary Taylor

Zachary Taylor served in the military leading the war against Mexico to victory.

**12**

1849 ~ 50

## President's Talk

Never judge a stranger by his clothes.

## Bible's Talk

But the LORD said to Samuel,
"Do not consider his appearance or his height, for I have rejected him.
The LORD does not look at the things man looks at.
Man looks at the outward appearance, but the LORD looks at the heart."

1 Samuel 16:7

35th 론. 6. 제니디

## 대통령의 말

우리가 갖은 인플루엔서가지는 가장 기초적인 운동권등
우리가 갖은 지기에 묻고 있고
우리가 갖은 중기 중 마시며
우리 모든 자녀들의 미래를 소중히 여기기는 것입니다.

## 지사의 말

기조사로
길 풍하지 묻고
We을 풍해야 합니다.

# Millard Fillmore

**13**

1850 ~ 53

In a situation where the confrontation between the North and the South over slavery is heating up, Millard Fillmore tried to alleviate the conflict with the position that slavery should not be abolished for the continuation of the Union.

## President's Talk

May God save the country,
for it is evident that the people will not.

## Author's Talk

When you're in despair in people,
you must find hope in God.

### 대통령의 말

동북아 국가는 지난 2세기 동안 갈등과 불신으로
인하여 아픔을 겪었고
다른 한편 기회를 잉태했다.

### 참자의 말

한기를
상식으로 받는 것인지 기회로 받는 것인지는
본인의 여부로 결정됩니다.

# Franklin Pierce

Franklin Pierce provided the cause of the Civil War by avoiding the slave issue rather than actively resolving conflicts.

**14**

1853 ~ 57

## President's Talk

Frequently the more trifling the subject,
the more animated and protracted the discussion.

## Author's Talk

The reason why the discussion is lively and prolonged despite the triviality of the topic is because it can be treated without any importance.
Sometimes it is necessary to approach important tasks with a light heart.

## 대통령의 말

결코 두려움 가운데 협상하지 마라.
협상하는 것을 두려워해서도 안된다.

**저자의 말**

두려움 가운데 협상하지 않으려면
대안(BATNA : Best Alternative To a Negotiated Agreement)을 만들어 놓고 협상해야 합니다.
* BATNA : 협상 파기시 취할 수 있는 차선책

강한 협상력은 강력한 대안에서 나옵니다.

# James Buchanan

During James Buchanan's tenure, six southern states that supported slavery withdrew from the Union, turning the Civil War into a countdown.

**15**
1857 ~ 61

## President's Talk

The ballot box is the surest arbiter of disputes among free men.

## Author's Talk

The general public cannot decide how to treat patients by a majority vote.
A medical specialist must decide.
While we acknowledge that majority voting is the most common decision-making method,
it is not applicable for all cases.

### 대통령의 말

인류는 전쟁을 끝내야 한다.
전쟁이 인류를 끝내기 전에...

## 저자의 말

초등학교 때는 치고 받고 잘합니다.
인격이 성숙하지 않아서 이기도 하지만 싸움으로 크게 다치는 경우가 거의 없기 때문입니다.

고등학생이 되면 웬만해서는 싸우지 않습니다.
크게 다치는 싸움의 결과를 감당하기 어렵기 때문입니다.

전쟁의 결과가 공멸이라는 것을 알기에
아직은 강대국간의 전면전은 억제되고 있지만...

인간의 호전적인 본성을 생각할 때 언제까지 가능할 지는 모르겠습니다.

# Abraham Lincoln

As a devout Christian, Abraham Lincoln led the Civil War to victory and freed slaves, but was assassinated.

16
1861 ~ 65

## President's Talk

All that I am, or hope to be,
I owe to my angel mother.

## Author's Talk

Not every mother in the world are like an angel as the case of Lincoln's mother.
There are many bad fathers and mothers in the world.

For example,
King Yeongjo, who was one of the greatest kings in korean history, was the worst father.

## 대통령의 말

지붕을 수리할 수 있는 시간은
태양이 빛나고 있을 때이다.

### 저자의 말

흥할 때가 있으면 망할 때가 있고
성할 때가 있으면 쇠할 때가 있습니다.

흥할 때 대비를 해 두어야
망할 때 견딜 수 있고
성할 때 준비를 해야
쇠할 때 버틸 수 있습니다.

**35th** 존 F. 케네디

### President's Talk

If you want to test a man's character, give him power.

### Great Man's Talk

Lao-Tzu, a Chinese thinker, said the supreme good is like water
because water changes its shape to suit the counterpart.
The water changes into the shape of cup when it enters the cup
while fire changes others by burning, boiling, or melting.
It is also worth being called the supreme good in terms of water being the source of life.

But weak people are also like water,
because they have no choice but to meet the needs of strong people.
Therefore, to know a person's character,
you must see how he or she uses it when he or she is given power.

Power should be given to those who use it like water, not like fire.

## 대통령의 말

국가가 단결하기 위해
당신이 할 수 있는 것가를 묻고
당신이 국가를 위해
할 수 있는 것가를 물어라.

### 자신의 말

우리는 국가가 단결을 위해 당신이 할 수 있는 것가를 물어야 합니다.
요구해야 합니다.

국민으로서 국가에 대한 의무가 있는 것처럼
국가 역시 책임자야 하기 때문입니다.

### President's Talk

No man has a good enough memory
to be a successful liar.

### Author's Talk

There is no difficulty in telling the truth.
Because you can tell it as it is.

Silence can be a good choice
if it is difficult to say truth.

# 존 F. 케네디

**35**
1961 ~ 63
★★★

미국 역사상 최연소 대통령(당 43세)으로 당선됩니다.
쿠바에 미사일 기지를 설치하려는 소련과의 갈등을 성공적으로 해소하여 제 3차 세계대전의 위기를 모면하고,
1963년 11월 22일 유세 도중에 암살당하여 사망합니다.

## 대통령의 말

우리는 소련 앞에 아이들을 가지고 있지만
때에는 그것이.

## 작가의 말

별 탈 없이 내 뒤에 잘 따랐고
총기사를 읽고 운동 나누어서 사람들이 많았던
책세한 일이는 수도 해임지지 하지 않았습니다.

### President's Talk

I am a slow walker,
but I never walk back.

### Movie's Talk

A compass, I learnt when I was surveying,
will point you true north from where you're standing,
but it's got no advice about the swamps, deserts and chasms
that you'll encounter along the way.

If in pursuit of your destination,
you plunge ahead headless of obstacles, and achieve nothing more than to sink in a swamp,
what's the use of knowing true north?

From the movie 'Lincoln'

## 대통령의 말

해결할 수 없는
문제는 확대해라.

## 위인의 말

포드 자동차의 창업자 헨리 포드는 반대되는 말을 했습니다.

“작은 일들로 쪼개면 어떤 일도 딱히 어려울 것이 없다.”

문제는 크게 만들거나
아니면 작게 만들어야 해결할 수 있습니다.

### President's Talk

Be sure you put your feet in the right place,
then stand firm.

### Author's Talk

Before going out on the road,
it is important to check whether the path is proper to walk.

# 드와이트 D. 아이젠하워

**34**

1953 ~ 61

육군사관학교를 졸업한 군인 출신으로
제 2차 세계대전의 연합군 최고 사령관으로 전쟁을 승리로 이끌었습니다.

## 대통령의 말

계획 자체는 아무것도 아니다.
계획을 세우는 것이 전부다.

### 저자의 말

계획대로 되는 인생이 어디 있겠습니까?
그렇다고 계획을 세우지 않는다면 항해하는 삶이 아니라 표류하는 삶이 될 것입니다.
맞습니다.
계획 자체는 아무것도 아니지만 계획을 세우는 일은 중요합니다.

### President's Talk

Government of the people, by the people, for the people, shall not perish from the Earth.

### Author's Talk

'Democratic People's Republic of Korea' and 'Republic of Korea'
They are the official name of North and South Korea in English.
North Korea, a dictatorship, also advocates democracy and republic.

Republic means that sovereignty is shared by several people.
It is a concept in contrast to a monarchy in which one monarch has sovereignty.
In an aristocratic republic, sovereignty rests with the nobility.
A democratic republic is a state in which sovereignty rests with the entire people.

Clause 1 of Article 1 of the Constitution of the Republic of Korea is as follows.
"The Republic of Korea is a democratic republic."
The Republic of Korea will never perish
when politicians and bureaucrats do not dedicate for themselves, but for the people.

## 대통령의 말

워싱턴에서 친구를 원한다고?
개를 키워라.

### 저자의 말

친구

한자로 友
十 + 又
열 십 자와 또 우 자의 결합

열 번을 봐도
또 보고 싶은 사람이 친구라서 그렇습니다.

해리 S. 트루먼

**President's Talk**

Give me six hours to chop down a tree
and I will spend the first hour sharpening the axe.

**Author's Talk**

Chopping down a tree
with a blunt ax isn't effective.
It is foolish to rush recklessly
without looking into the situation.

**16th** Abraham Lincoln

# 33rd 해리 S. 트루먼

## 해리 S. 트루먼

1945 ~ 53

프랭클린 D. 루스벨트의 갑작스러운 죽음으로 부통령이었던 해리 S. 트루먼은 대통령직을 승계하였습니다. 취임 직후, 독일은 항복하였지만 일본은 항복을 거부하고 있었기 때문에 1945년 8월 6일 히로시마와 9일 나가사키에 원자 폭탄을 투하하여 전쟁을 종식시킵니다.

### 대통령의 말

해임은 내가 한다.

### 지사의 말

지도자에게 요구되는 딱 한 가지 덕목을 꼽으라면 결단력입니다.
해임자도 자신입니다.

# Andrew Johnson

The biggest achievement of Andrew Johnson was the purchase of Alaska, which is 17 times the size of South Korean territory, from Russia for 7.2 million dollars.
* Russia has the largest territory in the world, followed by Canada and the United States.

### President's Talk

I feel incompetent to perform duties…
which have been so unexpectedly thrown upon me.

### Author's Talk

The leader should know the way, show the way, and go the way.
In addition, the leader should explain in advance what to prepare and help followers prepare.

# 32nd

파이널 D. 스스로의 돈

## 대통령의 말

나의 원칙은 이렇다.
세금을 지불할 수 있는 능력에 따라 부과하는 것이다.

## 자사의 말

피할 수 없는 2가지가 있습니다.
죽음과 세금(Death and Tax)

# Ulysses S. Grant

As the commander-in-chief of the Union Army during the Civil War, Ulysses S. Grant was a symbolic figure of victory in the war.

1869 ~ 77

## President's Talk

I have never advocated war
except as a means of peace.

## Author's Talk

I agree with 'Peace by force'.
I don't agree with 'Peace by war'.

## 자신의 말

많은 사람들 속에 있습니다.
각 집단 우리들 사람들을 조직해야야 됩니다.

## 대통령의 말

응집에 응하리 있다라
갈 다쁠로 잘 등을 조정에 가정하는 것이다.

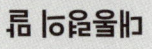

# Rutherford B. Hayes

Rutherford B. Hayes was a lawyer who graduated from Harvard Law School, became president after serving as a lawmaker, governor. He withdrew federal troops from the southern state.

19
1877 ~ 81

## President's Talk

Wars will remain while human nature remains.

## Author's Talk

There are two things that have always been together since the existence of mankind.

They're love and war.

32nd 一山自習의 D. 홀수 시리즈

## 대중영의 말

헬프 미국이 마지막까지
치열을 여지 없이 몰아간다.

## 자신의 말

교육에 트집잡히지 않는 것은
미래에 트집잡히지 않는 것입니다.

# James Garfield

James Garfield took office in March 1881 but was shot in July 1881 and died in September.

**20**

1881 ~ 81

## President's Talk

He who controls the money supply of a nation controls the nation.

## Author's Talk

The flow of money is often compared to the flow of blood.
Just as arteriosclerosis, a disease that could cause death,
even a profitable company can go bankrupt when it fails to secure liquidity.

Assuming that what James Garfield said is correct,
The control of the United States is in the hands of Federal Reserve Board (FRB),
an independent, private body not controlled by the United States government.

## 32nd 프레젠팅 D. 로스차일드

### 자기의 말

시급이야 만족할 만이지만
20세기 중반에 챔피언을 하기는 원치 않았던 것 같습니다.
활성화 되지 세계에 것이 아닙니다.
후보들이 것입니다.

### 대통령의 말

특징을 파괴하는 나라는
그 자신을 파괴하는 것과 다름 없다.
좋은 시민들에게 신지하는 월등 하고
용기를 장려하는 명이 아내다.

# All the American presidents

## 21st – 30th President

★ = Good
★★ = Very Good
★★★ = Excellent

★
1881 ~ 85
Chester A. Arthur

★
1885 ~ 89
Grover Cleveland

★
1889 ~ 93
Benjamin Harrison

★
1893 ~ 97
Grover Clevelan

★
1897 ~ 1901
William McKinley

★
1901 ~ 09
Theodore Roosevelt

★
1909 ~ 13
William Howard Taft

★★
1913 ~ 21
Woodrow Wilson

★
1921 ~ 23
Warren G. Harding

★★
1923 ~ 29
Calvin Coolidge

Source of Presidential Photographs : U.S Embassy & Consulate in the Republic of Korea

## 자신의 말

사랑하는 사람들이 인생에서는
미움받는 행동이고 싫답니다.

## 대통령의 말

다른 사람의 인생 무대에서
당신은 그저 단역 배우임을 기억하라.

# Chester A. Arthur

Chester A. Arthur was a lawyer, strongly advocated abolition of slavery, worked as vice president and succeeded his predecessor, James Garfield, after he was assassinated.

1881 ~ 85

## President's Talk

I may be president of the United States,
but my private life is nobody's damned business.

## Author's Talk

Arthur as president and Arthur as an individual
are neither equal nor needed to be equal.
But considering the heavy duty of the president,
the president cannot claim the same right to privacy as the general public.

21st — Chester A. Arthur

## 자신의 말

하나님의 생각대로
우리의 인생이 있다고 믿습니다.

## 대종형의 말

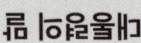

잠자기 싫어도 잠이 나를 덮친다.
안간가 덮쳐온다면
그렇게 덮쳐오도록 계속되어진 것이라 믿어도 좋다.

# Grover Cleveland

Grover Cleveland is the only president in American history to serve two nonconsecutive terms as the 22nd and 24th President.

1885 ~ 89

## President's Talk

Sometimes I wake at night in the White House and rub my eyes and wonder if it is not all a dream.

## Author's Talk

Who can be 100% sure
whether this moment is dream or virtual reality just like the movie 'The Matrix'?

# 3rd

3학년 D. 로스웰드

## 대통령의 말

동해하라.
표 등으시기 말고.

## 자지의 말

동해드 혹은 통해 자기에 의지에서 나아갑니다.
반면에 표보는 역시가 없고 타인에 의지에 때 다릅니다.

음자은 동해하고 있습니까?
표 등으이 있습니까?

# Benjamin Harrison

Benjamin Harrison is the grandson of the 9th President, William Henry Harrison.

1889 ~ 93

## President's Talk

The bud of victory is always in the truth.

## Author's Talk

A false victory is a defeat.

# 프랭클린 D. 루스벨트

32

미국 역사상 유일한 4선 대통령으로서 시련을 사랑했고 시련을 때마다 12년간 대통령직을 수행하였습니다.
1941년 12월 7일 일본이 진주만을 기습 공격함에 따라 제 2차 세계대전(1939 ~ 45)에 참전하였습니다.

1933 ~ 45

## 대통령의 말

우리가 두려워해야 할 유일한 대상은 두려움 그 자체 뿐이다.

## 진자의 말씀

내가 네게 명한 것이 아니냐
마음을 강하게 하고 담대히 하라
두려워 말며 놀라지 말라
네가 어디로 가든지 네 하나님 여호와가 너와 함께 하시느니라

여호수아 1장 9절

# Grover Cleveland

Grover Cleveland is the only president in American history to serve two nonconsecutive terms as the 22nd and 24th President.

24
1993 ~ 97

## President's Talk

What is the use of being elected or re-elected, unless you stand for something?

## Author's Talk

The reason why the job of a doctor is important is because it saves people.
The reason why the job of a teacher is precious is because it is to educate students.

To be the president without belief or ideal is the same as having a position but not knowing what to do.

## 대통령의 말

내가 가장 반기는 방문자는 어린이들이다.
아이들은 자리를 요구하지 않는다.

## 저자의 말

권력자에게는 힘이 있으니
끊임없는 청탁이 들어올 것입니다.
그래서 권력자의 힘은 감시되고 견제되어
투명하게 행사되어야 합니다.

# William McKinley

As the last president of the 19th century and the first president of the 20th century, William McKinley was assassinated by an anarchist.

**25**

1897 ~ 1901

## President's Talk

In the time of darkest defeat,
Victory may be nearest.

## Author's Talk

When you are full of despair,
hope springs up.
Just like before dawn is the darkest moment of all night time.

# 허버트 후버

취임 직후 주식시장 폭락(주가지수 89% 하락)을 시작으로 대공황이 발발하였지만
적절한 정책 대응에 실패합니다.

31

1929 ~ 33

## 대통령의 말

전쟁의 선포는 늙은 이가 하는데
그 전쟁에서 싸우고 죽는 것은 젊은이들이다.

### 저자의 말

이제 전쟁이 나면 남녀노소를 불문하고 다 죽습니다.
역설적이게도 무기의 발전은 소규모 군사 작전 외의 전면전은 허락하지 않습니다.

# Theodore Roosevelt

Theodore Roosevelt was the first American to win the Nobel Peace Prize for his contribution to ending the Russo-Japanese War by arranging talks at Portsmouth, a U.S. naval base.

26
1901 ~ 09

## President's Talk

Keep your eyes on the stars,
and your feet on the ground.

## Movie's Talk

Power comes from the earth!
Air attack is a taboo in martial arts.
From the movie 'The Story of Yeopmun'

# 미국 역대 대통령

31 - 40대 대통령

**31** 허버트 후버  
1929 ~ 33  
★★

**32** 프랭클린 D. 루스벨트  
1933 ~ 45  
★★★

**33** 해리 S. 트루먼  
1945 ~ 53  
★★

**34** 드와이트 D. 아이젠하워  
1953 ~ 61  
★★

**35** 존 F. 케네디  
1961 ~ 63  
★★★

**36** 린든 B. 존슨  
1963 ~ 69  
★

**37** 리처드 M. 닉슨  
1969 ~ 74  
★★

**38** 제럴드 R. 포드  
1974 ~ 77  
★

**39** 제임스 카터  
1977 ~ 81  
★★

**40** 로널드 레이건  
1981 ~ 89  
★★

★★★ = 탁월  
★★ = 우수  
★ = 양호

대통령 사진 출처 : U.S Embassy & Consulate in the Republic of Korea

# William Howard Taft

William Howard Taft is the only person in American history who has experienced both executive and judicial leadership, serving as the 27th President and the 10th Supreme Court Chief Justice.

27
1909 ~ 13

## President's Talk

The trouble with me is that
I like to talk too much.

## Great Man's Talk

Confucius said.
"Think three times before you speak."

## 자기의 말

야자는 남이 믿을 만하고 믿어서 생각할 여러 인정합니다.
양자는 남의 믿으거 못 수긍 대답 생각을 해야 됩니다.

## 대통령의 말

양자를 공아대답으로
야자를 세울 수 있다고 기대합니다.

# Woodrow Wilson

During Woodrow Wilson's tenure, the Federal Reserve Board was established, and there was World War I (1914-18), and the United States joined in 1917 and won.

1913 ~ 21

## President's Talk

I not only use all the brains that I have, but all that I can borrow.

## Author's Talk

It should be collective intelligence,
not one individual,
to run a large organization such as a country or a corporation.
Nobody can know everything or do everything well by oneself.
The leader should appoint the right people and lead with listening.

# 찰리 졸리지

포효하는 20년대(Roaring Twenties)라고 불리는 미국의 번영기에 대통령직을 수행하였습니다.

1923 ~ 29

## 대통령의 말

당신이 나보다 말이 적을 수 있지만
당신은 나보다 말이 많을 수 있다.

## 사자의 말

남구는 더 크게 해야 하고
당기는 더 크게 인증해야 됩니다.

**President's Talk**

Tell me what is right
and I will fight for it.

**Author's Talk**

It's later to fight.
The first is to know clearly what is right and wrong.

The most dangerous thing is to fight with false beliefs.
So we have to look back and ask sometimes.
Am I fighting for justice?

## 샤넬 G. 흐닝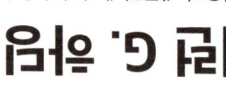

1921~23

제1차 세계대전이 종식되었기에 정상으로의 복귀를 대내외적 대통령에 요청됩니다.

### 대통령의 말

나는 미국민의 정신이 확고하지 않고 흔들고 하지만 시간이 지나 활동성기에 유용할 많이다.

### 자신의 말

이런 용어를 사용할 때는 명확히 정의들 수 있어야 됩니다.

지도자의 용어는 더더욱 그러합니다.

### President's Talk

The man who is swimming against the stream
knows the strength of it.

### Author's Talk

Those who want to change the flow
should keep this words in their mind.

Changing something needs a lot more power than you think.

## 대통령의 말

짧게 말하고 싶다면
준비기간을 길게해 주십시오.

## 작가의 말

기도하는 법부터 잊어버립니다.
왜 사랑을 누가하기 원합니다.

다리를 벌려 시의 증세는 기도형이 아닌지
때문 기도노이 반화를 수고합니다
이는 기도하는 다시 옛고운 농구 왔을 하는입니다.

### President's Talk

If you want to make enemies,
try to change something.

### Author's Talk

The vested interests hate change.
They want to maintain the current situation.

In most cases,
it is not the vested interests that is trying to change.
If the vested interests seek change,
this is to strengthen their own interests.

## 대통령의 말

아들을 가르치는 수양하는 자리이며
품격이 들릴 수 있다.

## 자녀의 말

아들을 바라보는 자녀는 먼저생해야 할 말입니다.
아이가를 바라는 것은 생각하고 않으로 끝입니다.

# Warren G. Harding

With the end of World War I, Warren G. Harding was elected president, insisting on a return to normalcy.

29

1921 ~ 23

## President's Talk

I don't know much about Americanism,
but it's a damn good word with which to carry an election.

## Author's Talk

Using a term,
one should define the term clearly.
This is especially true in terms of leadership.

### 대통령의 말

무엇이 옳은지 알려 달라.
그러면 나는 옳은 일을 위해 투쟁할 것이다.

### 저자의 말

투쟁은 나중입니다.
먼저는 알아야 합니다.
무엇이 옳고 무엇이 그른지...
내가 투쟁해서 지켜야 할 옳음은 무엇인지...

# Calvin Coolidge

Calvin Coolidge served as president during America's prosperity called the Roaring Twenties.

1923 ~ 29

## President's Talk

You can't know too much,
but you can say too much.

## Author's Talk

We must be more eager in our search for truth and more cautious in speaking.

# 연준 훌륭

**28**

1913 ~ 21

인기증 중앙은행에 해당하는 FRB(Federal Reserve Board)가 창설되었고
제1차 세계대전(1914 ~ 18)이 있었으나 미국의 참전하여 승리합니다.

## 대통령의 말

나라 나이 느리는 물음이고
대개 길을 수 있는 느리는 말로 사용한다.

## 자신의 말

크기나 기질이 달라 대규모 가치를 공유하는 것은
말 개인이 아닌 집단 자산이어야 한다.
혼자서 모든 것을 다 할 수 없고 다 잘할 수도 없습니다.
지도자는 자체에서의 지원자를 세우고 적절히 위임으로 이끌어야 합니다.

**President's Talk**

Don't expect to build up the weak
by pulling down the strong.

**Author's Talk**

The weak should not think of
stepping on other people's feet and standing up.

The strong should think of
reaching out their hands to lift others up.

Calvin Coolidge  30th

# 윌리엄 하워드 태프트

제27대 대통령으로 제10대 연방대법원장을 역임하여 미국 역사상 행정부의 수반과 수장을 모두 경험한 인물입니다.

1909 ~ 13

## 대통령의 말

나의 믿음은
믿음이 떠나는 것이다.

## 라이벌의 말

상사일언(三思一言)
세 번 생각하고 한 번 말하라는 뜻입니다.
성장님 명언입니다.

# All the American presidents
## 31st – 40th President

★ = Good
★★ = Very Good
★★★ = Excellent

**31**
★★
1929 ~ 33
Herbert Hoover

**32**
★★★
1933 ~ 45
Franklin D. Roosevelt

**33**
★★
1945 ~ 53
Harry S. Truman

**34**
★★
1953 ~ 61
Dwight D. Eisenhower

**35**
★★★
1961 ~ 63
John F. Kennedy

**36**
★
1963 ~ 69
Lyndon B. Johnson

**37**
★★
1969 ~ 74
Richard M. Nixon

**38**
★
1974 ~ 77
Gerald R. Ford

**39**
★★
1977 ~ 81
James Carter

**40**
★★
1981 ~ 89
Ronald Reagan

Source of Presidential Photographs : U.S Embassy & Consulate in the Republic of Korea

# 시어도어 루스벨트

**26**

**1901 ~ 09**

러일전쟁을 종식(러시아가 일본의 조선 지배를 인정)하는 회담을 주선한 공로로
미국인으로는 처음으로 노벨 평화상을 수상했습니다.
루즈벨트 대통령은 미국의 필리핀 지배와 일본의 조선 지배를
상호 인정하는 밀약을 체결하기도 하여 우리나라와는 악연입니다.

## 대통령의 말

눈은 별을 향해라.
그러나 발은 땅에 붙어 있어야 한다.

## 영화의 말

힘은 땅에서 나오는 법!
공중 가격은 무술의 금기

영화 '엽문 외전' 中에서

# Herbert Hoover

The Great Depression broke out, starting with a stock market crash (89% down). However, he failed to respond with appropriate policy.

1929 ~ 33

## President's Talk

Older men declare war.
But it is the youth that must fight and die.

## Author's Talk

Nowadays, if war breaks out,
all living things can die.

Ironically, the development of weapons does not allow for
all-out war other than small-scale military operations.

**31st**  Herbert Hoover

# 윌리엄 매킨리

19세기의 마지막이자 20세기의 첫 초대 대통령으로서 마군부주의자에 의해 암살당했습니다.

1897 ~ 1901

## 대통령의 말

가장 안정된 평화의 때에도 가장 강력한 군대가 되어 있다.

## 자신의 말

야망이 크기 때문이 가장 아름다운 것이면 영광으로 기념할 때 영광이 빛나고 됩니다.

25th

### President's Talk

The thing I enjoyed most were visits from children.
They did not want public office.

### Author's Talk

Favors will be endlessly asked to those in power.
Therefore,
power must be monitored, checked, and exercised transparently.

# 그래 늘림없다

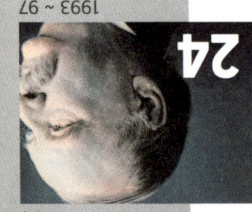

24

1993~97

미국 역사상 연속되는 임기로서가 아닌 2기를 지낸 유일
한 대통령. 24대 클리블랜드는 수에 관한 한 22대와 24대를 겸한
22대와 24대의 대통령이지만 수행한 임기는 2번의 대통령입니다.

## 대통령의 말

지지하든 지지하지 않든이
대통령직에 영향을 주시거나 재선에 상관하는 것이 나의 일이지 아이들이

## 지지의 말

이 대통령은 전의 훌륭한 이미지 사람들을 잊지는 수행하기 때문입니다.
지지하는 지이 중요한 이미지 이것은 중요한 지지등이 원이지 때문입니다.
상생이나 지이 수중한 이익은 생식들은 고용하기 주었기 때문입니다.
지지하든 지지하지 않든 이 대통령의 원하는 것은
자신 있지만 없는 것과 아닌가지입니다.

# Franklin D. Roosevelt

As the only four-term president in U.S. history, Franklin D. Roosevelt served as president for 12 years until he died of a brain hemorrhage.
He participated in World War II (1939–45) after Japan raided Pearl Harbor on December 7, 1941.

32
1933 ~ 45

## President's Talk

The only thing we have to fear is fear itself.

## Bible's Talk

"I've commanded you to be strong and brave.
Don't ever be afraid or discouraged!
I am the LORD your God, and I will be there to help you wherever you go."

Joshua 1:9

**32nd** Franklin D. Roosevelt

# 페기인 해리스

23 9번 대통령인 벤저민 해리스 영부인 해리스의 손자입니다.

1889~93

### 대통령의 말

우리의 세금 인상이나 인하/집행권에 있다.

### 자신의 말

가정된 승리가 패배합니다.

### President's Talk

Sail,
not drift.

### Author's Talk

Navigation relies on one's own power toward the goal.
Drift, on the other hand, has no goal and floats by external force.

Are you sailing?
Or are you drifting?

32nd  Franklin D. Roosevelt

# 그로버 클리블랜드

**22**

1885 ~ 89

미국 역사상 연속되는 임기로서가 아닌 임기를 건너 뛰어
22대와 24대 2번의 대통령직을 수행한 유일한 대통령입니다.

## 대통령의 말

때때로 나는 한밤중에 백악관에서 잠을 깨서는 눈을 비비며 궁금해 한다.
이 모든 것이 꿈이 아닌가 하고...

### 저자의 말

그 누가 확신할 수 있겠습니까?
우리네 삶이 일장춘몽(一場春夢)이 아닌지...
Matrix안의 삶이 아닌지...

### President's Talk

In politics,
nothing happens by accident.
If it happens,
you can bet it was planned that way.

### Author's Talk

I believe that
our lives are in God's providence.

**32nd** Franklin D. Roosevelt

# 체스터 A. 아서

1881 ~ 85

부통령 중임 중에 암살당한 가필드 대통령의 뒤를 이어 대통령직을 승계하였다. 부정부패를 일소하기 위해 펜들턴법을 제정하여 공무원 임용을 능력주의로 바꾸었다.

## 대통령의 말

나는 미국의 대통령이지만 그렇다고 나의 사생활은 당신들이 관여할 영역이 아니다.

## 자신의 말

대통령으로서 체스터 아서와 자연인으로서 체스터 아서 둘 사이엔 공통점도 없고 같은 점도 없습니다.
그러나 대통령의 가장 책무를 생각할 때 임무적이고 모든 사생활의 문제를 조정할 수는 있습니다.
공인은 말 그대로 공인입니다.

### President's Talk

Remember you are just an extra
in everyone else's play.

### Author's Talk

In the life of loved ones,
I'd like to play an important role.

**32nd**  Franklin D. Roosevelt

# 미국 역대 대통령

## 21 - 30대 대통령

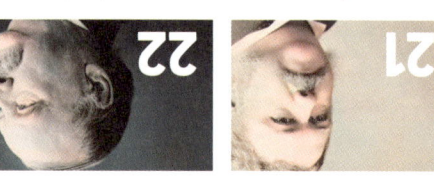
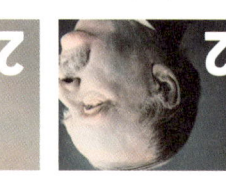

**26** 시어도어 루스벨트
1901 ~ 09
★

**27** 윌리엄 하워드 태프트
1909 ~ 13
★

**28** 우드로 윌슨
1913 ~ 21
★★

**29** 워런 G. 하딩
1921 ~ 23
★

**30** 캘빈 쿨리지
1923 ~ 29
★★

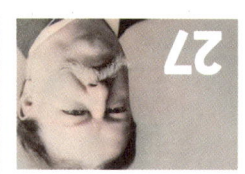

**21** 체스터 A. 아서
1881 ~ 85
★

**22** 그로버 클리블랜드
1885 ~ 89
★

**23** 벤자민 해리슨
1889 ~ 93
★

**24** 그로버 클리블랜드
1893 ~ 97
★

**25** 윌리엄 매킨리
1897 ~ 1901
★

★ = 양호
★★ = 우수
★★★ = 탁월

대통령 사진 출처 | U.S Embassy & Consulate in the Republic of Korea

### President's Talk

A nation that destroys its soils destroys itself.
Forests are the lungs of our land,
purifying the air and giving fresh strength to our people.

### Author's Talk

It's common sense now,
but I don't think it would have been easy to think about the environment
in the mid-20th century.

The environment does not belong to our generation.
It belongs to the descendants.

**32nd**   Franklin D. Roosevelt

# 제임스 가필드

1881년 3월 대통령직에 취임하나 1881년 7월 총격을 받고 9월 사망했습니다

**20**

1881 ~ 81

## 대통령의 말

나라 돈의 공급을 통제하는 자가 국가를 통제합니다.

### 저자의 말

돈의 흐름을 흔히 피의 흐름으로 비유합니다.
피의 흐름이 막히면 죽을 수 있는 것처럼
유동성을 확보하지 못하면 흑자 회사가 도산하기도 합니다.

제임스 가필드 대통령의 말이 맞다고 전제하면 미국을 통제하는 곳은
미국 정부 기관이 아니라 독립적인 민간 기관인 FRB(Federal Reserve Board)입니다.

### President's Talk

The school is the last expenditure
upon which America should be willing to economize.

### Author's Talk

'Not investing in education' means
'Not investing for the future'.

**32nd**  Franklin D. Roosevelt

# 러더퍼드 B. 헤이스

해커드 밴데풋 나은 민주당이고, 주지사를 거쳐 대통령이 되었고
공화당 상사였던 남북 전쟁서 의병으로 장수까지 장악하였습니다.

19

1877 ~ 81

## 대통령의 말

인간의 본성이 낚아 있는 이상
정당은 지속될 것이다.

## 자지의 말

인류가 존재한 이래 정당 창세에 두 가지는
항상 사용됩니다.

39  19th

### President's Talk

If I went to work in a factory
the first thing I'd do is join a union.

### Author's Talk

Power is in people.

To do something big,
you need to gather people and organize them.

**32nd**  Franklin D. Roosevelt

# 용의자 S. 그린크트

범죄현장이 복구 종사자들로 잔뜩 몰리는 수사의 상징적 인물이었습니다.

1869 ~ 77

### 대통령의 말

나는 범죄의 수단과 방법을 제안하고
강력한 용의자 점이 있다.

### 사자의 말

달이 이들 강화하 등이들니다.
그러나 지점이 이를 강화하 등이들 수 있습니다.

### President's Talk

Here is my principle:
Taxes shall be levied according to ability to pay.

### Author's Talk

There are two things that you can't avoid.
Death and Tax.

**32nd** Franklin D. Roosevelt

# 앤드루 존슨

남한 영토 17배 크기의 알래스카를 러시아로부터 720만 달러에 매입한 것이 가장 큰 업적입니다.
※ 세계에서 가장 큰 영토를 가진 나라는 러시아이고 그 다음이 캐나다, 미국이 3위입니다.

**17**

1865 ~ 69

## 대통령의 말

나는 예기치 않게 주어진 임무를 수행함에 있어 무능함을 느낀다.

### 저자의 말

지도자는 어디로 가야 하는가를 알고 추종자들에게 가야 할 길을 보여 주며
그 길을 가야 합니다.

더불어 지도자는 길을 가기 위해 무엇을 준비해야 하는지 어떻게 준비해야 하는가를 미리미리 설명하고
추종자들이 스스로 준비할 수 있도록 인내를 갖고 도와야 합니다.

# Harry S. Truman

The sudden death of Franklin Roosevelt led to Vice President Harry Truman to presidency. Shortly after taking office, Germany surrendered, but Japan refused to surrender and held out. The war ended by dropping atomic bombs on Hiroshima on August 6, 1945 and Nagasaki on August 9, 1945.

1945 ~ 53

## President's Talk

The buck stops here!

## Author's Talk

If I have to pick only one virtue that is required to the leader, it is definitely responsibility.

# 16th 에프라임 왕상

## 자시의 말

모든 끈기로 나라를 통치하던 것은
일단 빠지면 쉽게 흐지부지 말로 있었니다.
평화 재기고 하지만 몸치기는 것는 듣는
아시아왕입니다.

## 대통령의 말

나에게 나라를 맡긴지 6시간이 지났다면
앞이 가지는 끈기 그 발톱에 엄마오트리 사용할 것이다.

**President's Talk**

You want a friend in Washington?
Get a dog.

**Author's Talk**

In Chinese, friend is 友.
友 is a combination of ten times(十) and again(又).

It's because a friend is someone I want to see again even after I see him ten times.

33rd  Harry S. Truman

## 대통령의 말

국민의, 국민에 의한, 국민을 위한 정부는 지구상에서 멸망하지 않을 것이다.

### 저자의 말

Democratic People's Republic of Korea와 Republic of Korea
북한과 남한의 영어 공식 명칭입니다.
한글로는 조선민주주의인민공화국과 대한민국입니다.
독재 국가인 북한도 민주주의와 공화국을 표방합니다.
공화국(Republic)은 군주 1인에게 주권이 있는 군주국과 대비되는 개념으로
주권이 여러 사람에게 공동으로 있는 것을 말합니다.
귀족 공화국은 주권이 귀족들에게 있는 것이고 민주 공화국은 주권이 국민 전체에게 있는 국가입니다.

우리나라 헌법 제 1조 1항은 민주공화국임을 선언하고 있습니다.
'대한민국은 민주공화국이다.'

정치인과 관료가 자신을 위해서가 아니라
국민을 위해서, 더 나아가 인류를 위해서 헌신할 때 대한민국은 결코 멸망하지 않을 것입니다.

16th 에이브러햄 링컨

# Dwight D. Eisenhower

Dwight D. Eisenhower was an soldier who graduated from the Military Academy and led the war to victory as the Supreme Commander of the Allied Forces in World War II

1953 ~ 61

## President's Talk

Plans are nothing;
Planning is everything.

## Author's Talk

Life doesn't work out as planned.

But if you don't make a plan,
it will be a drifting life, not a sailing life.

**34th**  Dwight D. Eisenhower

## 대중영의 말

용돈 강이에 돈을 넣고 있다가 가방을 확인해보니,
그리고 나가는 곤강이 사람이 된다.

## 자신의 말

갈은 가방에 분명 확인했던 것인데
'동생을 것인가'가 됩니다.

### President's Talk

If a problem cannot be solved,
Enlarge it.

### Great Man's Talk

Henry Ford, founder of Ford Motors, said the opposite.
"Nothing is particularly hard if you divide it into small jobs."

Problems can only be solved in two ways
by making them larger or smaller.

**34th**    Dwight D. Eisenhower

## 대통령의 말

나는 천천히 걷는 사람입니다 그러나
절대 뒤로 가지는 않습니다.

## 영혼의 말

성공률이 백 퍼센트에 다다랐을 때 당신 삶의 공이나 목적을 기다리죠.
하지만 성공 중 하나라도 뒤 당신이 높으로 가려 하지 않습니다.
받자국을 통해 장애에 걸렸거나 가다가 뒤에 빠지고 만다면
목적이 아니라면 가는 것이 다른 수용이 있다면서?

영혼, Lincoln, 中에서

# John F. Kennedy

John F. Kennedy was elected the youngest 43-year-old president in U.S. history and Resolved the imminent Third World War crisis with the Soviet Union trying to set up a missile base in Cuba. He was assassinated and died on November 22, 1963.

35

1961 ~ 63

## President's Talk

Victory has a thousand fathers,
but defeat is an orphan.

## Author's Talk

When things go well,
people tend to show off their contribution and praise themselves,
whereas nobody wants to take responsibility for the failure of the project.

## 자신의 말

진실을 말하는 대는 아무용이 없습니다.
있는 그대로 말하면 따로 에움말이 따릅니다.

있는 그대로 말하기 아려운 상황이라면
원하는 것을 얻어낼 수 있습니다.

## 대응영의 말

누구도 가식말을 듣기 옇고 지속될 만큼
좋은 기억력을 갖고 있지 않다.

### President's Talk

Ask not what your country can do for you,
ask what you can do for your country.

### Author's Talk

We should ask what the country can do for its people
just as a country asks for an obligation to the citizens.

**35th** John F. Kennedy

## 상위의 말

상상예술(工藝藝術)

중요한 사상가 그룹이 형성 있다고 물고 있습니다.
용이 태어나거나 꿈을 이루는 등 원하는 것과 같이 자신에게 유용하도록 변화시키기 위해
들을 잡아 들이거나 살아 들임의 그들의 공용으로
상대를 매력하고 유혹할 수기 때문에 걸이기 있다고 있는 것입니다.
또한 꿈은 사랑이나 그림이나 장이 있다고 있는 탈옷입니다.

하지만 예술(藝術)로 물과 같습니다.
많이 없이 살아갈 사람들에게 유통을 줄 수가 있기 때문입니다.
따라서 사랑의 인용들은 그 사람에게 있어 의상품을 사용하기를 더해야 됩니다.
말씀 동질의 분들이 쓰기 때문에 매혹하고 주는 동질의 쓰기…

### 대중음의 말

아래 사랑의 인용을 읽고 하다가 그에게 걸망을 것이 있다.

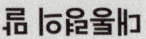

### President's Talk

The time to repair the roof is
when the sun is shining.

### Author's Talk

There is a time to prosper and
a time to perish;
a time to rise and a time to decline.
So we need to prepare for decline in prosperity so that we can withstand it.

35th  John F. Kennedy

# 에이브러햄 링컨

16

독창적 크리스천으로 남북전쟁에서 승리로 이끌어 해방령을 내리고 노예들을 인도했으나 암살로 삶을 마감했습니다.

1861 ~ 65
★★★

## 대통령의 말

신임과 나는 그리고 앞으로 되고 싶은 나 자신은
모두가 엄마의 덕분이며 어머니 덕분이다.

## 자식의 말

세상의 모든 어머니가 링컨의 어머니만큼 훌륭하지는 않습니다.
세상에는 모든 어머니가 어머니만큼 엄마가 많습니다.
에들 들어 낭코이웠던 조지의 왕 헨리의 어머니이기도 했습니다.

30    16th  에이브러햄 링컨

### President's Talk

Mankind must put an end to war
before war puts an end to mankind.

### Author's Talk

They fight a lot in elementary school.
This is because not only the immature personality
but also the damage of the fight is minor.
They rarely fight in high school.
It's because they know the consequences of a fight could be fatal.

Knowing that the outcome of war is co-destruction,
all-out war between the powers is still being contained,
but considering belligerent human nature,
I am worried how long it will last.

35th   John F. Kennedy

# 15 체임 버스 먼

1857 ~ 61

인기 있는 대 제 를 가지 고는 남녀 6개가 있었 음 을 달 리 해 장 식 는 옷입 기 좋아 장 식 이 우 월 이 있 었 습니 다.

## 대통령의 말

자신 들 사이에서는 도표 들 이 가장 확실한 근거 인 진 정 결정 지다.

## 자신의 말

환자 인 자로 양 박 음 인 람 이 인 이 다수 결 로 결 정 할 수 있 습니 다. 진 공 이 가 결 정 해 야 됩니 다. 다수 결 이 가장 효 과 적 이 의 사 결 정 방 식 인 인정 하 지 만 모든 사 안 에 적용 할 수 있 는 것 은 아닙 니다.

### President's Talk

Let us never negotiate out of fear.
But let us never fear to negotiate.

### Author's Talk

If you don't want to negotiate out of fear,
you have to prepare BATNA.
- BATNA : Best Alternative To a Negotiated Agreement

Strong power of negotiation comes from strong BATNA.

35th    John F. Kennedy

# 프랭클린 피어스

노예 문제로 남북의 대립이 심화되는 상황속에서 적극적인 갈등 해결보다는
문제 회피로 남북전쟁의 원인을 제공했습니다.

14

1853 ~ 57

## 대통령의 말

종종 주제가 사소할 수록
토론이 더 활기차고 길어지는 경우가 있다.

## 저자의 말

주제가 사소함에도 토론이 활기차고 길어지는 이유는
가벼운 마음으로 임할 수 있기 때문일 것입니다.
때로는 중요한 일에도 가벼운 마음으로 임하는 것이 필요합니다.

**President's Talk**

When written in Chinese,
the word 'crisis' is composed of two characters.
One represents danger and
the other represents opportunity.

**Author's Talk**

Whether to take a crisis as a risk or an opportunity
depends on preparation.

John F. Kennedy

# 13th 빈센트 반 고흐

## 빈센트 반 고흐
1850 ~ 53

고에지를 통고 난 뒤 북의 대담이 기울이는 자신드라 인풍에서 상공하이 일상의 모습을 하였다. 
드에지를 결제에에는 인티니는 단순 무적 강동으로 안착하여 그려하였다.

### 대통령의 말

한드님께서 이 나라를 구원하시기를...
시람들이 그리하지 않을 것을 말해요요.

### 자지의 말

사람 앞에 공정할 때
하나님 앞에서 회당을 찾아야 됩니다.

**President's Talk**

Our most basic common link is that
we all inhabit this planet.
We all breathe the same air.
We all cherish our children's future.

**Author's Talk**

The leader should speak with We,
not I.

John F. Kennedy

# 재사기 테일러

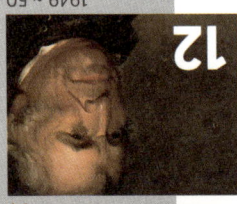

12
1949~50

정치인이 아닌 군인 출신 대통령으로 메시나공이 장정들 군단 간 이병했습니다.

## 대통령의 말

중시심으로 사랑을 판단하지 마라.

## 진지의 명언

아들아에게 사랑함에게 이르시되
그 음식과 신장을 보지 말라 내가 이를 버렸노라
나의 보는 것 사랑과 같지 아니하니
사랑은 외모를 보거니와 나 여호와는 중심을 보느니라

사무엘상 16장 7절

**President's Talk**

We want to build a world of peace
where the weak are secure and the strong are just.

**Movie's Talk**

Those with the greatest power protect those without.
From the movie X-Men Apocalypse

# 제임스 K. 포크

**11**

텍사스와 캘리포니아 등의 영토를 획득하는 업적을 세웠으나
열정적으로 일하며 몸을 혹사함으로서 대통령직을 물러난 후 3개월만에 사망했습니다.

1849 ~ 50

## 대통령의 말

대통령의 직무를 충실하고 양심적으로 수행하기 위해서는 여가의 시간이 있을 수 없다.

### 저자의 말

대통령이 국정 운영의 최고 책임자이기는 하지만
행정부에 공무원이 대통령 하나뿐인 것은 아닙니다.
여가 시간도 없이 일하는 것은 효과적이지도 효율적이지도 못합니다.
쉬지 않고 일해서 건강을 해치는 것은 미련이고
권한과 책임을 나누어 공동체로 일하는 것이 지혜입니다.

# Lyndon B. Johnson

Intervention in the Vietnam War (1955-75), which began under former president John F. Kennedy, began in earnest during the reign of Lyndon Baines Johnson.

1963 ~ 69

## President's Talk

Peace is a journey of a thousand miles and it must be taken one step at a time.

## Author's Talk

There's a Korean saying,
"Even a thousand miles start with a single step."

36th  Lyndon B. Johnson

# 미국 역대 대통령

## 11 - 20대 대통령

**제임스 K. 포크**
1845 ~ 49
★

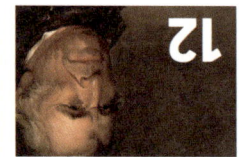

**재커리 테일러**
1849 ~ 50
★

**밀러드 필모어**
1850 ~ 53
★

**프랭클린 피어스**
1853 ~ 57
★

**제임스 뷰캐넌**
1857 ~ 61
★

**에이브러햄 링컨**
1861 ~ 65
★★★

**앤드류 존슨**
1865 ~ 69
★

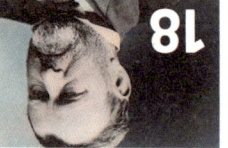

**율리시스 S. 그랜트**
1869 ~ 77
★

**러더퍼드 B. 헤이스**
1877 ~ 81
★

**제임스 가필드**
1881
★

★★★ = 탁월
★★ = 우수
★ = 양호

대통령 사진 출처 : U.S Embassy & Consulate in the Republic of Korea

# Richard M. Nixon

Richard M. Nixon is the first and only president in U.S. history to step down during his term due to Watergate scandal caused by illegal wiretapping and breaking into Democratic headquarters in the Watergate building.

1969 ~ 74

## President's Talk

The finest steel has to go through the hottest fire.

## Bible's Talk

But he knows the way that I take;
when he has tested me,
I will come forth as gold.

Job 23:10

# 존 타일러

10th

10

1841 ~ 45

2대 영부인이고 15명의 자녀를 두었답니다.

## 대통령의 말

인기란 높은 곳으로 떠가는 바람이불 수 있다고 나는 늘 생각해 왔다.
그 예의의 한 수는
당신이 표출할 더 강력한 힘을 갖는 것이 될 것이다.

## 자신의 말

인기 영합주의
정치인이 가장 경계해야 할 것이기도 하며 가장 애용하는 수단입니다.

### President's Talk

Don't pray when it rains
if you don't pray when the sun shines.

## Author's Talk

Are you glad to see someone who only comes when he needs you?
You wouldn't like to help him.

However, pray when it rains even if you didn't pray when the sun shined.

God will welcome you.
God will give you a helping hand.

37th  Richard M. Nixon

# 윌리엄 헨리 해리슨

1841 ~ 41

취임식 비를 맞아 생긴 감기가 급성 폐렴으로 악화되어 취임 1개월만에 사망했습니다.

### 대통령의 말

장부의 모든 장례식은
마차를 더 바치고
가구된 사람들이 가난하게 만드는데 그 목적이 있다.

### 저자의 말

오늘날의 장부 장례식 장사들이 마를 유지할 수 있도록
가구된 사람들의 불만들 관대에 돈을이기 유용하게 하는데
그 목적이 있습니다.

### President's Talk

Those who hate you don't win unless you hate them.

### Author's Talk

It's a short life to live with just love.
Don't waste your life with hate.

# 마틴 밴 뷰런

국무부 장관과 부통령을 역임하였고
세계에서 가장 오래된 정당인 민주당(1828년 창당)의 핵심 발기인이었습니다.

**8**

1837 ~ 41

## 대통령의 말

정부는 일시적인 흥분에 의해 이끌려서는 안되고
냉철한 사고에 기반하여 행동해야 한다.

## 저자의 말

중요한 의사결정에서 실수하지 않으려면...
숙고(Deliberation)하고 재고(Second Thought)해야 합니다.

영어로 표현하면 'Sleep on it.'해야 합니다.

**8th** 마틴 밴 뷰런

**President's Talk**

Defeat doesn't finish a man,
quit does.

**Author's Talk**

Being able to quit can be courageous and right choice,
under the precondition that he did his own best.

## 자기의 말

생각하지 않고 하는 사람은 사람을 차별하고
생각하고 있는 사람은 사람을 이기려합니다.
생각과 행동을 사람을 평화로 합니다.

## 대통령의 말

신중하게 생각하는데 시간을 써라.
단지 행동할 시간이 되면
생각하기를 멈추고 뛰어 들어라.

# Gerald R. Ford

Gerald R. Ford pardoned former President Richard Nixon, causing public backlash and overcame two assassination crises during his tenure.

1974 ~ 77

## President's Talk

Tell the truth,
work hard,
and come to dinner on time.

## Author's Talk

Life with money and time
= Work-Life Balance

7th 에드류 저주

## 사자의 말

출혈을 유발하는 Blessing과
피흘림, 희생을 뜻하는 Bleeding은 뜻이 같습니다.

출혈은 희생과 죽신, 상징의 뜻이 있습니다.

## 대통령의 말

출혈을 입기 원한다면
대가를 지불해야 한다.

# James Carter

James Carter tried to implement moral beliefs in real politics as a devout Christian, but didn't get a good evaluation during his tenure. However, after retirement, he established the Carter Center and won the Nobel Peace Prize in 2002 for his efforts to improve human rights.

**39**

1977 ~ 81

## President's Talk

I have 22 grandchildren and great grandchildren,
and they keep me young.

## Bible's Talk

As for you, be fruitful and increase in number,
multiply on the earth and increase upon it.

Genesis 9:7

# 앤드루 잭슨

잭슨 민주주의(Jacksonian democracy)란 용어가 나올 만큼 참정권 확대 등 민주주의 발전에 기여했습니다.

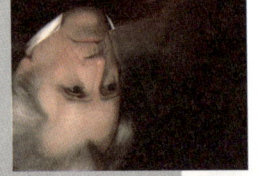
1829 ~ 37

## 대통령의 말

잭슨에게 아내를 다시 만날 수 있다면
그것은 나에게 왕국이 아니다.

## 자신의 말

왕국은 장식이 아닙니다.
단계입니다.

### President's Talk

Unless both sides win,
no agreement can be permanent.

### Author's Talk

For a long-lasting relationship,
you need to be able to consider the interests of the counterpart
as much as you think of your own interests.

# 존 퀸시 애덤스

2대 대통령 존 애덤스의 아들로 부자(父子) 대통령입니다.

6

1825 ~ 29

## 대통령의 말

선거가 끝나면 노예 생활이 시작된다.

## 저자의 말

대한민국의 헌법 1조는 이렇게 말합니다.
“대한민국의 주권은 국민에게 있고 모든 권력은 국민으로부터 나온다.”

그런데 주권의 행사는 선거를 통해 이루어지고 선거가 끝나면 주권은 당선인에게 위임됩니다.
곧 선거 때가 아니면 주권(통치 권력)은 지도자에게 있습니다.
선거의 중요성을 아무리 강조해도 부족함이 없는 이유입니다.

### President's Talk

We must adjust to changing times and
still hold to unchanging principles.

### Author's Talk

We have to distinguish belief from faith.
Belief is the recognition of God
and faith is the attitude toward God.

Therefore, Belief must evolve, grow, and change.

What should not change is faith of
absolute trust,
absolute appreciation
and absolute love.

James Carter  **39th**

# 제임스 먼로

유럽과 신대륙은 서로 간섭하지 말자는 먼로주의(Monroe Doctrine)로 유명합니다.

5

1817 ~ 25

## 대통령의 말

국가의 명예는 가장 고귀한 가치를 가진 국가의 자산이다.

## 저자의 말

국가의 운영은 비즈니스 경영과 달라야 합니다.
비즈니스의 본질이 이윤 추구라면 국가의 본질은 헌법 정신의 실현이기 때문입니다.

따라서 자국의 이익만 챙기는 것은 국격을 떨어뜨리는 소탐대실입니다.
자국민은 물론 주변 국가들로부터도 인정받고 존경받을 수 있는
상생과 협력의 리더십을 추구할 때 글로벌 패권을 가질 자격이 있습니다.

**President's Talk**

I've looked on many women with lust.
I've committed adultery in my heart many times.
God knows I will do this and forgives me.

**Author's Talk**

I have
same gaze,
same heart,
and same belief.

James Carter   39th

# 제임스 매디슨

헌법 초안의 기초를 마련하여 '미국 헌법의 아버지'라 불립니다.

4

1809 ~ 17

## 대통령의 말

자유는
자유의 남용에 의해서 위기를 맞을 수 있을 뿐 아니라
권력의 남용에 의해서도 위태로워진다.

### 저자의 말

누구에게 투표할 지는 유권자의 자유지만
투표의 결과로부터 자유로울 수 있는 유권자는 아무도 없습니다.

# Ronald Reagan

Ronald Reagan is a former movie star who became president after serving as governor of California.

40

1981 ~ 89

## President's Talk

Trust,
but verify.

## Author's Talk

"I believe, but I will verify."
This is a contradiction.

However,
it's a wise idea.

# 3rd 토마스 제퍼슨

## 대통령의 말

가장 유사한 사람은
그 사상이 일생마다 부식하지 않는 사람이다.

## 사자의 말

배움의 매울 수록
풍부 되고 없음을 알게 됩니다.
개가가 발휘할 수 있는 시간은
바로 젊음입니다.

### President's Talk

Governments tend not to solve problems,
only to rearrange them.

### Author's Talk

Today, governments tend not to solve problems,
but to procrastinate and cause bigger problems.

It's because they think they only need not detonate bombs within their own regime.

This is the limitation and problem with democracy,
which elects leaders with a predetermined term.

# 3rd 뜨이는 제비주

## 대통령의 말

인디언 자유가 있는 곳에서
그들은 믿음이 있는 곳에서 모두가 안전하다.

## 자유의 말

누구나 꿈 수 있고
누구나 꿈을 이룰 수 있는 곳에
녹재가 있을 수 없습니다.

믿음이 있고 사랑속에는
평등이 소득용을 그치게 할 수 있는
지혜 기능이 작용하기 때문입니다.

### President's Talk

We can't help everyone,
but everyone can help someone.

### Movie's Talk

Kelly : It's nobody's job to protect you, Kayla.
Kayla : That's all of our job.
From the movie 'Bombshell'

That's right.
It is our job to protect the weak against injustice.

3rd 토마스 제퍼슨

## 대통령의 말

모든 사람에게 공통되고
소수의 사람들과 공유되어 지냅다.

## 사자의 말

모두의 갖질 수 없습니다.
그러나
모두에게 만족할 수 있습니다.

**President's Talk**

Concentrated power has always been the enemy of liberty.

**Author's Talk**

It is often said that the absolute power corrupts absolutely.

Therefore,
State power should be directed at checks and balances
through the separation of three powers:

legislature, judiciary, and administration.

## 자신의 말

이 말이 남아 있지 않았더라면
다른 사람에게 신을 베풀어 주지요.

마디로 남을 수 있는 일이 있고
몸으로 해야만 남을 수 있는 일이 있습니다.

## 대웅전의 말

사람은
다른 사람에게 신을 행하여서
기쁨을 느끼고 좋아지는 느낍는다.

# All the American presidents

41st – 46th President

★ = Good
★★ = Very Good
★★★ = Excellent

★★
1989 ~ 93
**George H. W. Bush**

★
1993 ~ 2001
**William J. Clinton**

★
2001 ~ 09
**George W. Bush**

★★
2009 ~ 17
**Barack Obama**

★
2017 ~ 21
**Donald J. Trump**

★★
2021 ~
**Joe Biden**

Source of Presidential Photographs : U.S Embassy & Consulate in the Republic of Korea

# 3rd 터미널 서비스

## 대통령의 말

> 정직은 지혜의 책,
> 첫 번째 장의 첫도 쪽이다.

## 저자의 말

> 더 많이 공부하십시오. 그래서
> 나 스스로에게 정직해야 됩니다.
>
> 나의 욕망과 욕심들을
> 하나 그대로 인정할 수 있어야 됩니다.

# George H. W. Bush

George H. W. Bush led to the end of the Cold War by meeting with Soviet leader Gorbachev to discuss arms reduction and economic cooperation. The eldest son, George W. Bush, is also the 43rd president.

1989 ~ 93

## President's Talk

It's a very good question,
very direct,
and I'm not going to answer it.

### Author's Talk

You can't and don't have to answer all the questions.

41st  George H. W. Bush

# 토마스 제퍼슨

살아 생전에 자신의 묘비명을 직접 썼다고 합니다.
자신이 어떻게 기억되기를 원하는지 알고 있었던 것입니다.

**3**

1801 ~ 09

### 대통령의 말

미국 독립선언문과 종교의 자유를 위한 버지니아 법령의 작성자이며
버지니아 대학교의 아버지인 토마스 제퍼슨,
이곳에 잠들다.

**저자의 말**

당신의 묘비명에는
어떤 글이 쓰여지지를 원합니까?

### President's Talk

History will point out some of the things I did wrong and some of the things I did right.

### Author's Talk

How many people can be judged by history?
Very few people can be judged by history.

But everyone will be judged by God.
No one can avoid God's judgement of their lives.

**41st** George H. W. Bush

## 대통령의 말

당신은 여자이기 때문에
나는 당신에게 정치에 관해서 쓰지 않겠습니다.

**위인의 말**

사람에게 실망하고 낙담할 일이 많음에도 긍정과 희망의 끈을 놓지 않는 이유는
인류가 걸어온 길은 끊임없는 인권 발달의 여정이기 때문입니다.
특별히 여성 인권에 있어서는 많은 진보가 있었습니다.
그럼에도 지금 이 시대가 성별에 따른 차별이 없는 세상이라고 말하기에는 여전히 부족합니다.

존 롤스는 그의 저서 정의론(A Theory of Justice)에서 무지의 면사포(Veil of Ignorance)를 말했습니다.
무지의 면사포란 정책 선택에 있어
어떠한 선택지가 자신에게 유리한지 불리한지 모르는 상태(Original Position),
곧 무지의 면사포를 쓴 상태에서 합의되는 것이 정의에 부합한다는 것을 상징하는 표현입니다.
무지의 면사포 안에서 성별과 인종 그리고 종교에 의한 차별은 있을 수 없습니다.

**2nd** 존 애덤스

# William J. Clinton

1993 ~ 2001

William J. Clinton studied law at Oxford and Yale and was elected governor of Arkansas at the young age of 32. During his presidency, he was impeached by the House of Representatives for his sexual relationship with Monica Lewinsky, an intern at the White House.

## President's Talk

We must teach our children to resolve their conflicts with words, not weapons.

## Author's Talk

Resolution of conflict by force eventually brings greater conflict.

# 2nd 온 예배유

## 자기의 말

환자가 들려주는 자신의 이론 즉 3단 논법으로 정당하게 이해해 정답니다.

1. 환속하기 이해하는
사람들과의 고집과 수용이 있어야 좋다.

2. 환자가 시대를 넘어 각 시대으로
등 시대의 사람들은 환자를 이해하고 운동한다.

3. 그러니 이런으로 환자는 공조한다.

## 대통령의 말

환자들 등등의 자리다.

# George W. Bush

2001 ~ 09

George W. Bush declared a 'War on Terror' and attacked Iraq in revenge for the 9/11 terror that occurred during his presidency.
* 9/11 terror : on September 11, 2001, terrorists hijacked four civilian aircrafts and crashed into the World Trade Center twin building in New York at 8:46 a.m. and 9:04 a.m. and Pentagon in Washington, D.C. at 9:37 a.m.

## President's Talk

I believe a marriage is
between a man and a woman.

## Author's Talk

No matter how much you love,
you cannot become a family unless you get married.

## 존 애덤스

1797 ~ 1801

미국의 초대 부통령이자 제 2대 대통령으로 그의 아들 존 퀸시 제 6대 대통령이 됩니다.

### 대통령의 말

사람들에게 상식(General knowledge)이 없다면 자유를 누릴 수 없다.

### 작가의 말

대통령이 대표하는 사상가인 홉스의 사상인 "생각하는 백성이어야 한다."고 공통화였습니다.

이것을 판별할 수 있는 지식은 상식(General knowledge)으로 생각하는 백성이 될 때 자유를 찾을 수 있습니다.

# Barack Obama

Barack Obama was a former human rights lawyer and the first non-white American president. He won the 2009 Nobel Peace Prize for reducing nuclear weapons and resuming Middle East peace talks.

2009 ~ 17

## President's Talk

I think same sex couples should be able to get married.

## Author's Talk

Barack Obama expressed his opposition to former President George W. Bush.
- Please refer to the previous page.

Leaders are obliged to express their thoughts on social issues.

# 1st 조지 워싱턴

## 대통령의 말

언젠가 미국국민들이 꼭 나의 동상을
만들어도 얻을 것이다.

## 자신의 땅

조지 워싱턴은 18세기에 200만 평 정도 대지하고
유언장들을 남겼었습니다.
필자에게 미래를 물려주면
세계있들이 통일할 것이다 말씀드립니다.

인정, 미덕, 태권, 용정 등
뭐 가지적인 문제의 해결을 위해서는
지금의 UN과목 차원이 다른
강력한 인물들을 꿇으로 찾기 때문입니다.

### President's Talk

Focusing your life solely on making a buck shows a certain poverty of ambition.

### Author's Talk

There's someone who can't afford a hundred dollars.
There's someone who can't afford ten thousand dollars.
There's someone who can't afford a million dollars.

We have to think that we've earned enough if we earned enough.
We shouldn't waste our lives trying to add a zero to the number that shows the value of money.

It is foolish to pour everything out for money.
Besides, It is vulgar to try to solve everything with money.

### 대통령의 말

침묵하는 것이
나쁜 핑계를 대는 것보다 낫다.

## 진리의 말씀

창세기 3장에 나오는 아담은 나쁜 핑계의 전형을 보여줍니다.
아담은 하나님이 먹지 말라고 명한 선악을 알게 하는 나무의 실과를 먹고 나서 핑계를 댑니다.

"하나님이 주셔서 나와 함께하게 하신 여자 그가 그 나무 실과를 내게 주므로 내가 먹었나이다."
창세기 3장 12절

아담은 교묘하게 자신의 잘못을 하나님의 탓으로 돌린 것입니다.

잘못했을 때 어설프게 핑계를 대고 상황을 모면하려다가는 더 큰 곤경에 빠지게 됩니다.
정직하게 잘못을 시인하고 반성하며 용서를 구하는 용기를 내는 것이 지혜입니다.

# Donald J. Trump

Donald J. Trump was a real estate businessman and is famous for his rude remarks and eccentricities.

45

2017 ~ 21

## President's Talk

I apologize when I'm wrong.

## Author's Talk

Everyone makes mistakes,
but not everyone apologizes.

## 대통령의 말

발언의 자유를 빼앗기면
우리는 침묵하는 바보가 될 것이다.
도살장에 끌려가는 양과 같은...

## 저자의 말

오늘날 대한민국에는 발언의 자유가 있습니다.
그런데 발언의 자유에 따른 책임을 생각하는 사람은 많지 않은 것 같습니다.

경솔하고 무책임한 발언으로
스스로 도살장에 들어갈 사람이 많습니다.

**President's Talk**

Sometimes by losing a battle
you find a new way to win the war.

**Author's Talk**

A victory in a war comes
when you are not proud of winning a battle and
when you stand up again,
not discouraged by losing the battle.

## 대통령의 말

서로가 무시할 수 없는 힘의 균형이 유지될 때
싸울 수 없는 상태, 싸움이 없는 상태인 평화의 시대가 열립니다.

### 저자의 말

전쟁 준비를 통한 평화 유지는
18세기 조지 워싱턴보다 2300년 앞서 살았던
손자병법의 저자 손무가 말하고자 했던 핵심입니다.

힘에 의한 평화

하지만 압도적인 힘의 우위는 정복과 지배의 욕구에 불을 붙일 수 있기에 오히려 전쟁을 부를 수 있습니다.

서로가 무시할 수 없는 힘의 균형이 유지될 때
싸울 수 없는 상태, 싸움이 없는 상태인 평화의 시대가 열립니다.

# Joe Biden

Joe Biden was elected to the Senate at the age of 29 in 1972.
However, his wife and children had a car accident,
causing the wife and daughter to die and the two young sons to be seriously injured.
The story of his overcoming misfortune after watching the two-cut cartoon of 'WHY ME? WHY NOT?' is touching.

## President's Talk

America doesn't have health insurance.

## Author's Talk

It is the basic responsibility of the nation
to protect the lives and property of its people.

That's why public health insurance is a requirement,
not an option.

# 조지 워싱턴

미국 독립운동(1775 ~ 83) 혁명군의 총 사령관이자 초대 대통령입니다.

1789 ~ 97

## 대통령의 말

나쁜 사람들과 함께 있는 것보다 혼자 있는 것이 낫다(Better).

### 저자의 말

조지 워싱턴은 차선(Better)을 말했지만 필자는 최선(Best)을 말하고 싶습니다.
최선은 나쁜 사람들을 좋은 사람들로 변화시키는 것입니다.

변화의 방법은 나 자신이 어둠을 물러나게 하는 빛이 되고
부패하지 않게 만드는 소금이 되는 것입니다.

1st    조지 워싱턴

### President's Talk

My dad used to have an expression -
'It is the lucky person who gets up in the morning,
puts both feet on the floor,
knows what they are about to do,
and thinks it still matters.'

### Author's Talk

One who can appreciate waking up in the morning without taking it for granted is a happy person.

# 미국 역대 대통령

## 1 - 10대 대통령

★★★ = 탁월
★★ = 우수
★ = 양호

**1. 조지 워싱턴**
1789 ~ 97
★★★

**2. 존 애덤스**
1797 ~ 1801
★★

**3. 토마스 제퍼슨**
1801 ~ 09
★★★

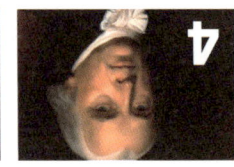
**4. 제임스 매디슨**
1809 ~ 17
★

**5. 제임스 먼로**
1817 ~ 25
★

**6. 존 퀸시 애덤스**
1825 ~ 29
★

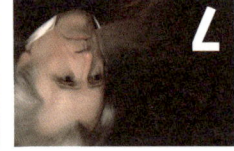
**7. 앤드루 잭슨**
1829 ~ 37
★★

**8. 마틴 밴 뷰런**
1837 ~ 41
★

**9. 윌리엄 헨리 해리슨**
1841 ~ 41
★

**10. 존 타일러**
1841 ~ 45
★

대통령 사진 출처 : U.S Embassy & Consulate in the Republic of Korea

### President's Talk

Income inequity has to be addressed.

### Author's Talk

In addition to income inequality,
measures to mitigate asset inequality should also be discussed.

저자 함승호는 한국의 초등학교를 졸업하고 제주도에 위치한
영국학교(NLCS : North London Collegiate School)에서 공부하고 있습니다.

**2003 ~**

자본주의의 태생적 한계인 소득과 자산 불평등 문제의 해법에 관심이 많아
교내 Economics Society의 회장으로 섬기고 있으며
대학에서도 경제학을 전공할 계획입니다.
교내 분기별 출간하는 Islander Magazine의 Writer와 Editor로 4년간 활동했으며
펜싱을 좋아하여 서울특별시장기 펜싱 선수권 대회에서 5위,
전국클럽/동호인 펜싱선수권 대회에서 8위의 성적을 거두었습니다.

예수 그리스도의 사랑과 진리를 실천하려 노력하는 크리스찬으로
그리스도 중심, 교회 기반의 국제어린이양육기구 Compassion과 뜻을 같이하여
탄자니아 어린이 결연을 통해 함께 성장하고 있습니다.

I hope
we can share beautiful thoughts and warm hearts
regardless of language.

영국 학교를 다니는 한국 학생이 편지봉투
미국 대통령의 영어 선생님

## 작가의 말

말풍선이 좋고, 문법에 오류가 없고, 세련된 어휘를 사용하는 것은
표면적인 영어 실력입니다.

진정한 영어 실력이란
사람들의 마음을 움직이고, 시대 정신을 깨뜨리며, 행동을 고양하는
영어를 말하는 것에 있습니다.

**Designed by**　Hyeri Kim　247design@naver.com

*Bogo*

bogobublishing@naver.com

조온양 ———————— 에게 이 책을 **Dream**니다.

From ————————